Werner Färber

Geschichten vom kleinen Pinguin

Mit Bildern von Michael Schober

Hase und Igel®

Für Lehrkräfte gibt es zu diesem Buch
ausführliches Begleitmaterial beim Hase und Igel Verlag.

www.hase-und-igel.de
Druck: Himmer AG, Augsburg

Dieses Buch erschien erstmals
in der Loewe Verlag GmbH, Bindlach.
Es wurde für diese Ausgabe vollständig neu bearbeitet.

Illustrationen von Michael Schober

Kartonierte Ausgabe:
ISBN 978-3-86760-144-3
Gebundene Ausgabe:
ISBN 978-3-86760-724-7

Inhalt

Aus dem Ei geplumpst

Mama  hockt auf einem 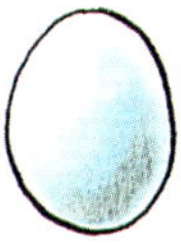,

um es auszubrüten.

Papa  ist im 

und frisst sich satt.

„Und was ist mit mir?

Ich bin auch hungrig“,

sagt Mama .

Mit dem  schubst sie ihm

das  zwischen die 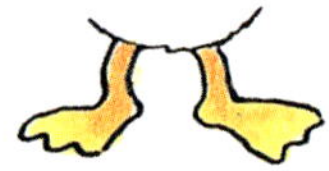.

Doch etwas geht schief

und das 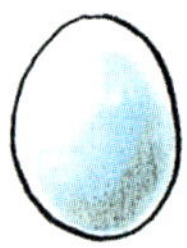 rollt davon.

Es rollt immer schneller.

„Ach du dicker 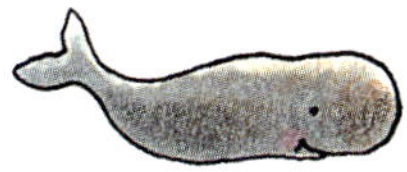 !“,

sagt Mama  erschrocken.

Papa  reißt seinen  auf.

Das  saust

über eine glitzernde .

Es hebt ab und fällt ins .

Sofort rutscht Mama

auf ihrem weißen 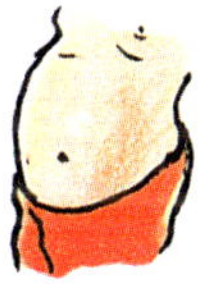 hinterher.

Papa watschelt,

so schnell ihn seine 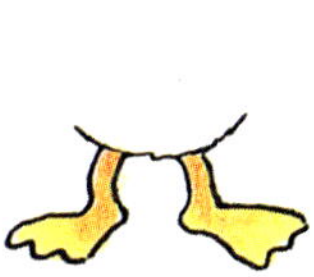 tragen.

Mama  plumpst

als Erste kopfüber ins  .

Papa  plumpst hinterher.

Sie tauchen gemeinsam

nach dem 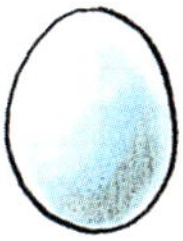 .

Doch das ist längst geplatzt

und sinkt immer tiefer.

Ein kleiner 

reckt den 

aus dem 

und schaut sich um.

Mama und Papa

ziehen den kleinen 

aus dem  .

Er schüttelt

die flaumigen 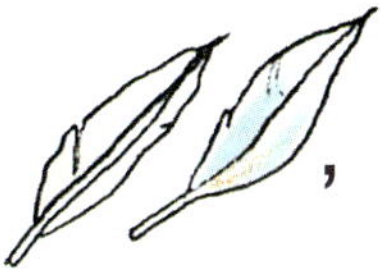,

rutscht aus und fällt um.

„Plumps“,

sagen Mama und Papa 

wie aus einem  .

Und damit ist allen klar,

wie der kleine  heißen wird.

Die gläsernen Tiere

Die 

sehen zum  hinauf.

Dort oben glitzern

riesige weiße 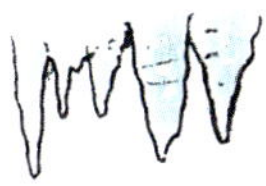 in der .

Wenn sie abbrechen

und herunterfallen,

wird es für die  gefährlich.

„Die 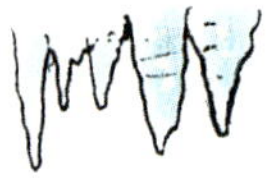 müssen weg“,

sagt Plumps.

Er packt die große 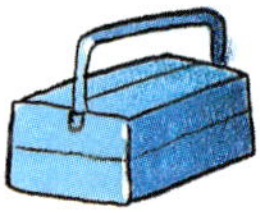.

Mit  und 

macht er sich auf den .

Oben angekommen,

befestigt er einen 

und seilt sich ab zu den 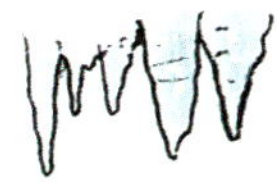 .

Mit der  sägt er sie ab.

Bald liegen die 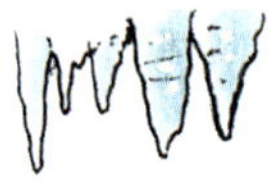

kreuz und quer übereinander.

„Schade, sie haben schön geglitzert“,

denkt der kleine .

Mit  und 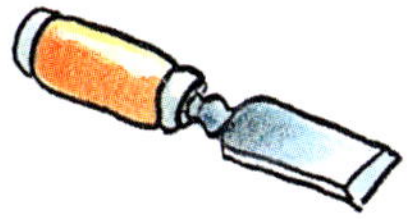 schlägt er

aus einem der  einen  .

Dann formt er einen 

mit einem  und einem 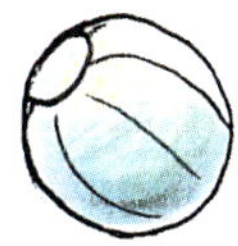 .

Danach lässt Plumps

noch eine 

und einen dicken 

entstehen.

Aus dem größten der 

meißelt er einen .

Aus dem zweitgrößten

macht er ein .

Aus dem kleinsten 

meißelt der kleine 

ein zartes 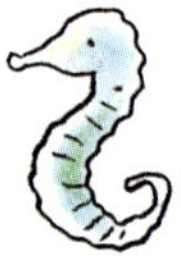.

Zufrieden schließt Plumps

die .

Die gläsernen 

glitzern und funkeln

in der untergehenden .

Polarforscher in Not

Dicke  ziehen auf.

Plumps beeilt sich,

zu den anderen 

zu kommen.

Eisige 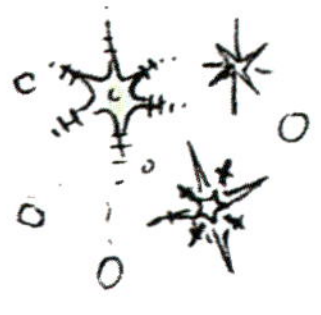

peitschen ihm entgegen.

Plötzlich hört er jemanden reden.

Der kleine  bleibt stehen.

Er lauscht.

„Ich fürchte, wir haben uns verlaufen“,

sagt ein .

„Wir müssen unser  finden.

Sonst sind wir verloren.“

Vorsichtig nähert sich Plumps,

bis er zwei  erkennt.

Trotz der dicken  und 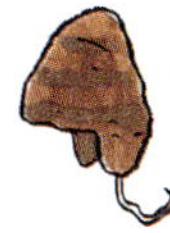 

scheinen sie zu frieren.

Ihre   sind weiß gefroren.

„Wir stellen das  auf

und verkriechen uns in die “,

sagt der eine .

„Lass uns lieber weitergehen“,

sagt der andere.

Sie schnallen die 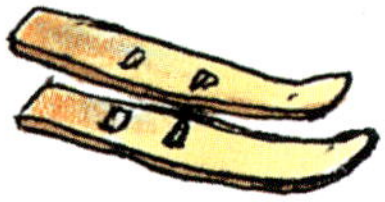 an,

nehmen die  und stapfen los.

Entsetzt sieht der kleine ,

dass die beiden 

den falschen 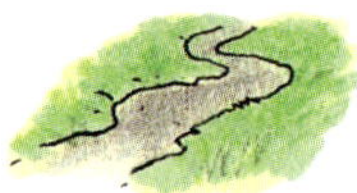 nehmen.

Plumps eilt an ihnen vorbei

und läuft voraus.

„Er will sicher zum 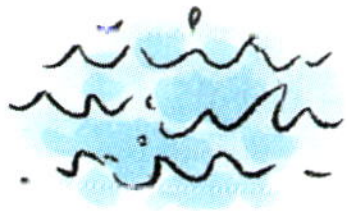 “,

sagt der eine .

Sie folgen dem kleinen  ,

bis sie die 

ihres  sehen.

Zufrieden bleibt Plumps stehen.

Er lässt die  vorbei.

„Danke“, sagt der eine 

und winkt dem kleinen  zu.

Plumps, der Entdecker

Der kleine 

packt eine 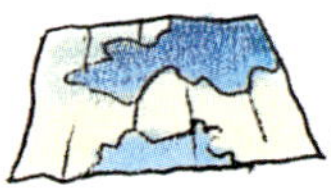,

die  und sein 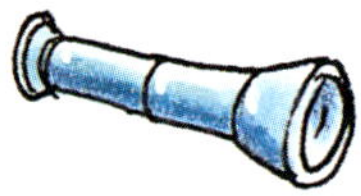

in den .

Den  hängt er sich gleich um.

„Wo willst du denn hin?“,

fragt Mama .

„Ich will

die große, weite  entdecken“,

sagt Plumps.

Er watschelt zum 

und springt auf eine ,

die so groß ist wie ein .

„Pass gut auf dich auf!“,

rufen Mama und Papa .

Die  schauen zu,

wie Plumps auf der 

davonfährt.

Er winkt ihnen zu,

bis er keinen mehr sieht.

Die 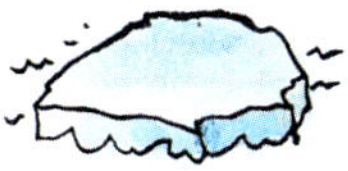 schaukelt sanft

auf den  .

Unter der warmen 

wird sie immer kleiner.

Bald ist sie nur noch

so groß wie ein  .

Schließlich bekommt

der kleine  nasse 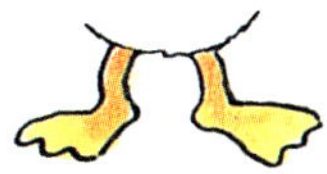.

„Kannst du mich mitnehmen?“,

ruft Plumps einem 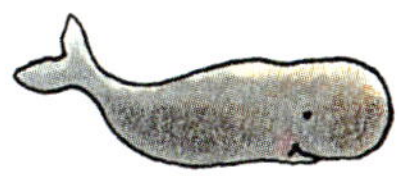 hinterher.

„Ich würde gern

die  entdecken!“

„Die  liegt heute

leider nicht auf meinem  “,

erwidert der 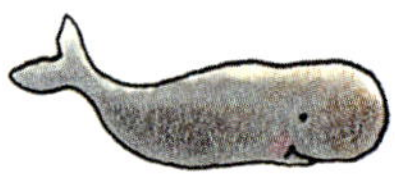.

„Es muss ja nicht gleich

die ganze  sein“,

sagt der kleine  bescheiden.

„Dann steig ein!“,

sagt der 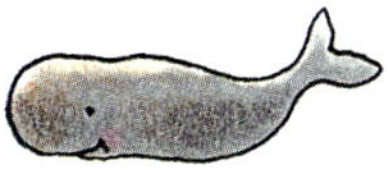

und öffnet sein dunkles 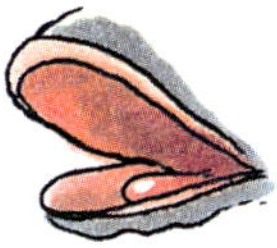.

Plumps knipst die  an

und klettert hinein.

Schon bald sagt der :

„Bitte aussteigen!

Hier ist zwar nicht die weite ,

aber schön ist es trotzdem.“

Der kleine  bedankt sich

und steigt aus.

Mit dem 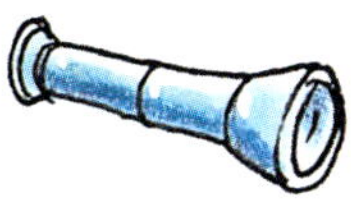 sieht er sich um.

Das ist ja seltsam.

Ihm kommt alles

ziemlich vertraut vor.

Erst als er

die vielen  sieht,

weiß er, weshalb.

Der  hat Plumps geholfen,

seine eigene  zu entdecken.

Die Wörter zu den Bildern:

Pinguin

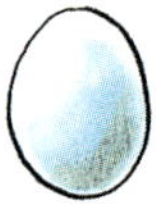
Ei

Wasser

Schnabel

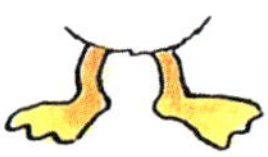
Füße

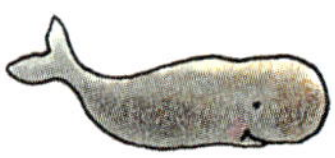
Wal

Eisscholle

Bauch

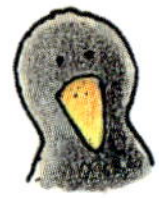
Kopf

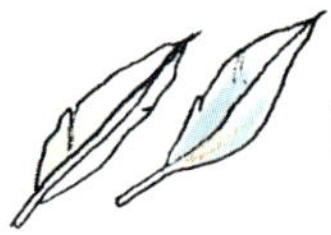
Federn

Berg

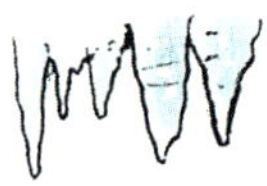
Eiszapfen

Sonne

Werkzeug-
kiste

Seil

Hammer

Weg

Haken

Säge

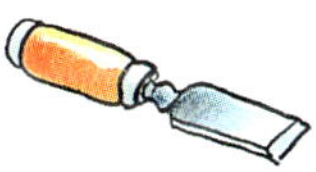

Meißel

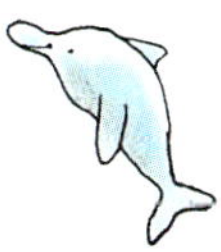

Delfin

Seehund

Fisch

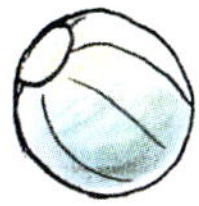

Ball

Schildkröte

Eisbär

Elefant

Nashorn

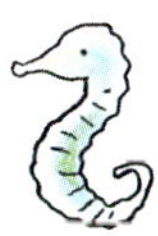

See-
pferdchen

Tiere

Wolken

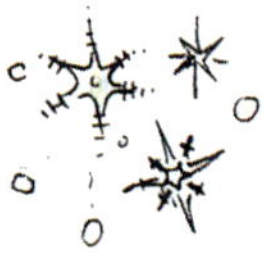
Schnee-
flocken

Mann

Schiff

Jacken

Mützen

Bärte

Zelt

Schlafsäcke

Skier

Stöcke

Lampen

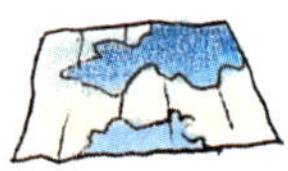
Landkarte

Taschen-
lampe

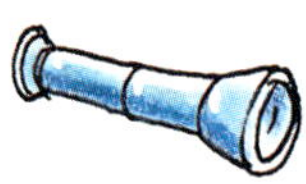
Fernrohr

Rucksack

 Fotoapparat

 Ruderboot

 Welt

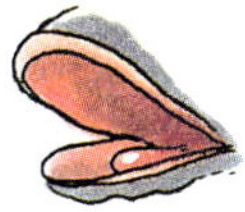 Maul

 Wellen

 Insel

Werner Färber, 1957 in Wassertrüdingen geboren, ist ein bekannter Kinder- und Jugendbuchautor. Auch im Rundfunk sind seine Geschichten zu hören. Darüber hinaus ist er als Übersetzer aus dem Englischen tätig. Werner Färber lebt in Hamburg und wer noch mehr über ihn und seine Bücher erfahren möchte, findet im Internet unter *www.wernerfaerber.de* weitere Informationen.

Michael Schober wurde 1966 in Bayreuth geboren. Er lebt mit seiner Frau, zwei Söhnen und dem Kater Grizzly in Hersbruck. Zahlreiche Kinderbücher sind von ihm illustriert worden. Mehr Informationen über den Illustrator findest du unter *www.michael-schober.de*.